LE DOCTEUR PANCRACE,

SATYRE,

PAR

MARIE-JOSEPH CHÉNIER,

DE L'INSTITUT NATIONAL.

A PARIS,

Chez LARAN, Libraire, Galerie du Palais-Egalité,
n° 181.

AN V DE LA RÉPUBLIQUE.

LE DOCTEUR PANCRACE,

SATYRE.

ADRIEN.

Pancrace, mon cher maître, ô vous à qui je doi
Ce ton lourd et guindé que vous vantez en moi,
Vous, devenu modele en cet art, que j'admire,
D'écrire sans penser, de parler sans rien dire,
Régent dans vos discours, régent dans vos écrits,
Vous nous enseignez tout sans avoir rien appris;
Mascarille eut ce don; mais, ô divin Pancrace,
De Trissotin premier si recherchant la trace,
Sur les pas du second ma généreuse ardeur
Des sources du Bathos sonda la profondeur,
Prêtez à votre éleve une oreille facile,
Et n'intimidez point ma jeunesse docile.
On me siffle par-tout quand vous me protégez.
Sur les sifflets, mon cher, j'ai de grands préjugés:

L'esprit fort a parfois ses moments de scrupule,
Et, malgré l'habitude, on craint le ridicule.

LE DOCTEUR PANCRACE.

Ah! mon pauvre Adrien, l'ai-je bien entendu?
Tu parles de sifflets! ton courage est perdu.
N'as-tu pas sous les yeux plus d'un vaillant modele?
Je ne te parle pas du petit Lacretelle,
Des Michauds, des Beaulieux, des Perlets, des Crétots,
Des absurdes Fantius, populace des sots :
Je ne te cite point Langlois, ni Baralere,
Ni Léger le niais, ni l'obscur Souriguiere,
Subalternes faquins qu'honore le sifflet ;
Mais regarde Suard, contemple Morellet ;
Morellet, dont l'esprit trop souvent se repose,
Enfant de soixante ans qui promet quelque chose ;
Suard, jadis censeur, et censeur très royal :
Affrontant les mépris d'un public déloyal,
Du lecteur incivil bravant les apostrophes,
Valets inquisiteurs, et garçons philosophes,
Ne les a-t-on pas vus, dans ce double métier,
Hués, sifflés tout vifs durant un siecle entier?
Au tombeau de Cotin sitôt qu'ils vont descendre,
Par souvenir encore on sifflera leur cendre.
A ce bruit importun prompts à s'effaroucher,
Un moment dans la lice ont-ils daigné broncher?
Imite leur courage, et fournis ta carriere.
Le coursier de l'Élide, accusant la barriere,

Ne sait pas s'informer, dans ses nobles travaux,
Si la route est pénible et s'il a des rivaux;
Les crins épars, il vole, et, respirant sa gloire,
Il dévore le champ, le but, et la victoire.

ADRIEN.

En style poétique on peut avoir raison:
Mais achevons, docteur, votre comparaison.
Entre ces beaux coursiers le vaincu fait retraite,
Sifflé par la canaille et pleurant sa défaite,
Tandis que le vainqueur par Pindare est chanté.

LE DOCTEUR PANCRACE.

Et par Paulin Crassous n'es-tu donc pas vanté?
Paulin dit qu'en nous deux Montesquieu ressuscite.

ADRIEN.

Près de ce nom célebre il est vrai qu'on nous cite:
Je l'entends tous les jours proclamer en bon lieu,
Notre prose ressemble aux vers de Montesquieu.

LE DOCTEUR PANCRACE.

Eh bien! connois-toi donc: pour savoir te connoître,
Analyse Pancrace, et vois quel est ton maître.
Devenu dans un greffe émule des Césars,
Et par deux procureurs formé dans les beaux arts,
J'argumente, j'instruis, je professe, j'indique;
Je suis du grand Bacon l'arbre encyclopédique;
De Moitte et de Julien je conduis le ciseau;
De Renaud, de Vincent j'anime le pinceau;

Méhul auprès de moi fait un cours de musique ;
Et j'apprends à Syeys quelque métaphysique :
Un drame intéressant fait-il pleurer Paris ?
Je dis, BÂILLEZ, PUBLIC, et sur-le-champ j'écris.
Buonaparte, suivant des routes immortelles,
A l'aigle des Germains vient d'arracher les ailes.
L'ingrat ! il m'avoit plu ; je le formois.... de loin ;
A le morigéner j'ai mis un tendre soin ;
Je voulois lui montrer l'art savant des retraites,
Comme quoi l'on est grand, sur-tout, par des défaites :
Au fond, de ma doctrine il étoit convaincu ;
Mais il est si jaloux, qu'il a toujours vaincu.

ADRIEN.

Il a tort ; nous voulions opérer des merveilles ;
Nous avons confondu nos travaux et nos veilles,
Châtié le sénat rebelle à nos décrets,
Des tribunaux futurs prononcé les arrêts,
Et, la verge à la main, menant le directoire,
Calomnié l'armée, et jusqu'à la victoire.
Je vois tous nos efforts, je cherche nos succès :
En France, par malheur, on est un peu Français.
J'entends souffler sur nous le vent de la satyre.
Nous admirons Suard, et Suard nous admire ;
Charlemagne pour nous est prêt à s'enrouer ;
Fonvielle en son patois osera nous louer ;
Souriguiere pourra nous chanter dans la rue ;

Michaud, Villiers, Ferlus, imbécille cohue,
Auprès de notre gloire inhumant la raison,
Feront de nos écrits la funebre oraison;
Enfin l'ogre Dumont de sa louange impure
Lancera contre nous l'insupportable injure :
Mais par nos prôneurs même un bon mot répété
Compromet tout-à-coup notre immortalité.
De l'Hébreu Josué vous savez l'aventure,
Et la trompette sainte, et la cité parjure
Qui vit, aux sons guerriers du céleste instrument,
S'écrouler ses remparts étonnés justement :
Telles sont, cher docteur, les armes d'un poëte ;
Nous sommes Jéricho, les vers sont la trompette.
Jacques, le grand cousin, dans la lune immortel,
Ici-bas d'un treteau s'étoit fait un autel ;
Le voilà, par malheur, déterré dans sa niche;
La satyre en riant lui lance un hémistiche ;
L'autel est renversé ; les traits accusateurs
Percent le dieu burlesque et ses adorateurs.
Le parti de l'ennui n'aura jamais d'empire;
Les lecteurs sont toujours du parti qui fait rire,
Et sur-tout dans Paris, où le public léger
De mode et de héros est si prompt à changer:
Le bel-esprit du jour n'étoit qu'un sot la veille;
Tel s'endort applaudi, que le sifflet réveille.
Craignons pour nous, docteur, un pareil guet-apens :
Si la mode arrivoit de rire à nos dépens !

On nous trouve ennuyeux.

LE DOCTEUR PANCRACE.

C'est pure calomnie.

ADRIEN.

On bâille en nous lisant.

LE DOCTEUR PANCRACE.

On bâille par envie.

ADRIEN.

Vous connoissez l'envie?

LE DOCTEUR PANCRACE.

Oh! beaucoup.

ADRIEN.

On le dit:
Mais en la connoissant que de monde en médit!
Jusqu'au moine Gallais, tout fuit ce monstre étique,
A la dent venimeuse, au regard frénétique,
Au ton dur et tranchant, au cuir jaune et tanné,
Au visage hideux, long, sec et décharné,
Au front chauve, aux yeux creux, rougis de pleurs de rage.

LE DOCTEUR PANCRACE, *à part.*

S'il n'étoit pas si sot je croirois, qu'il m'outrage.
Haut.
Alte-là !

ADRIEN.

Qu'avez-vous?

LE DOCTEUR PANCRACE.

Tu fais tout mon portrait.

ADRIEN.

Si quand on peint l'envie on vous peint trait pour trait,
Il n'en faut accuser ni peintre ni modele;
La faute en est aux dieux qui vous firent comme elle.
De ses coups toutefois vous n'êtes pas exempt;
On vous accorde en tout l'art frivole et pesant
D'enter de nouveaux mots sur de vieilles idées,
D'agiter longuement des choses décidées,
D'affecter un jargon qui commence à s'user,
Et de disséquer tout sans rien *analyser*.
On dit qu'en un journal nommé d'*économie*,
Journal fort estimé.... pour les cas d'insomnie,
Vous êtes seulement économe d'esprit;
Enfin, si j'en croyois maint discours, maint écrit,
On trouveroit chez vous, en derniere *analyse*,
L'insolence et l'ennui, l'orgueil et la sottise.
Passe pour l'insolence, on l'excuse aujourd'hui;
Mais on n'absout jamais du grand péché d'ennui.
Dirai-je tout, mon maître? Un noir chagrin me ronge;
Je ressemble à Macbeth poursuivi par un songe.
Si conter le passé c'est conter l'avenir,
Et si prophétiser c'est se ressouvenir,

J'annonce aux nations la prochaine disgrace
Et d'Adrien l'élève, et du maître Pancrace.
Je vais, sans divaguer,... et c'est beaucoup pour moi,
Vous réciter un fait qui me glace d'effroi ;
Il est vrai ; je le tiens d'un professeur d'histoire.
Un jour Gille et Pierrot, revenant de la foire,
Aux deux bouts du Pont-Neuf placerent deux treteaux.
Les passants ébahis lisent leurs écriteaux :
On s'ameute. Pierrot disoit, « Courez la ville,
« Vous n'y pourrez trouver qu'un bel-esprit ; c'est Gille.
« Chacun reçut du ciel un talent différent ;
« Mais tout devient petit devant Gille le grand ».
Gille, sur l'autre bord, crioit d'un ton capable,
« Rien n'est grand que Pierrot, Pierrot seul est aimable ».
On les croit sur parole ; et tout le peuple sot
Va du grand homme Gille au grand homme Pierrot ;
Chez tous deux à-la-fois voilà l'argent qui roule.
Advint qu'un vieux routier, moins nigaud que la foule,
Lui dit : « Braves badauds, sifflez-moi si j'ai tort ;
« Mais pour vous escroquer ces coquins sont d'accord ;
« Je vous les garantis de grands hommes de foire ».
Tout fut dit ; l'on brisa leurs boutiques de gloire.
Je vois, cher co-penseur, vos sourcils se froncer :
Sur ce fait à loisir il faudra co-penser.

LE DOCTEUR PANCRACE, *d'un ton très auguste.*

Jeune homme ! et c'est ainsi que l'honneur vous anime !

Après un long espoir quel ton pusillanime !
Du nom de Montesquieu n'êtes-vous plus jaloux ?
Gille, qui n'est pas moi, Pierrot, qui n'est pas vous,
Peuvent-ils inspirer ces frayeurs enfantines ?
Votre esprit s'endort-il au milieu des *ruines?*
J'osai vous accorder sur vos premiers écrits
Des lettres de grand homme au Journal de Paris ;
Je m'écriai, charmé de votre noble audace,
« Je serois Adrien si je n'étois Pancrace » :
Et quand, par mon appui, vous marchez mon égal,
Quand Lémerer en vous reconnoît son rival,
Lémerer, éditeur et seul propriétaire
Des célèbres journaux imprimés sous Tibère ;
Assiégé tout-à-coup de soupçons ennemis,
Vous fuyez les honneurs qui vous furent promis !
Ah ! ne résistez plus à votre destinée.
Imprudent ! chaque aurore avance la journée
Qui du jeune Adrien doit faire un sénateur ;
Le lendemain verra Pancrace directeur.
Lacretelle l'a dit ; s'il paroît un peu bête,
C'est qu'il parle avec poids et du ton d'un prophète.
Ô mon fils, mon élève... ou mon maître en jargon,
Profond comme un jeune homme, et chaud comme un barbon ;
Caressant tous les jours ta morgue didactique,
Si j'ai fait à plaisir un Cotin politique,
Deviens plus grand que moi pour me récompenser.
Vainement les sifflets osent nous menacer ;

Affirmons et crions ; les badauds sont crédules ;
Sous un large manteau cachons nos ridicules ;
Gardons-nous de jaser de Gille et de Pierrot :
Ces noms nous resteroient ; on nous prendroit au mot.
Si chacun rit de nous, jurons de n'en pas rire,
De nous vanter l'un l'autre, et même de nous lire :
Pour l'amour de la gloire il faut faire un effort.

ADRIEN, *touché jusqu'aux larmes.*

J'y consens, cher docteur ; mais lire est un peu fort.

NOTES.

M<small>ASCARILLE</small> eut ce don, etc.
Voyez les *Précieuses ridicules.*

Je ne te parle pas du petit Lacretelle,
Des Michauds, des Beaulieux, des Perlets, des Crétots,
Des absurdes Fantins, populace des sots :
Je ne te cite point Langlois, ni Baralere,
Ni Léger le niais, ni l'obscur Souriguiere, etc.

Lacretelle le jeune est un petit personnage suffisant et bavard, qui régente longuement *l'univers* dans quelques journaux, tels que *le Républicain* et *les Nouvelles politiques.* Michaud, Beaulieu, Perlet, Crétot, Langlois, Baralere, sont des folliculaires obscurs, dont les journaux fourmillent chaque jour de calomnies et de sottises. Fantin des Odoards est un pauvre d'esprit, autrefois chanoine. Il s'est avisé de compiler une misérable histoire de la révolution française d'après les brochures des différents partis ; il pille tout ce qu'il lit, et déshonore tout ce qu'il pille. Léger est un très mauvais comédien qui joue les rôles de Pierrot au théâtre du Vaudeville. Souriguiere est l'auteur du ridicule *Réveil du peuple*, et d'une tragédie de *Mirrha*, beaucoup plus ridicule encore ; il est d'ailleurs *complice* de Beaulieu dans la rédaction du *Miroir.*

Et par Paulin Crassous n'es-tu donc pas vanté?

Paulin Crassous, rimeur très obscur, qui a fait imprimer dans le *Journal de Paris* quelques vers contre Lebrun et contre moi.

Notre prose ressemble aux vers de Montesquieu.

On sait que le grand prosateur Montesquieu a composé un très petit nombre de vers: ils sont au-dessous du médiocre. L'exemple de Bossuet et de Fénélon avoit déja prouvé que les plus beaux génies sont méconnoissables quand ils sortent du genre qui leur est propre.

Charlemagne pour nous est prêt à s'enrouer;
Fonvielle en son patois osera nous louer;
Souriguiere pourra nous chanter dans la rue;
Michaud, Villiers, Ferlus, etc.

Charlemagne et Fonvielle, poëtes de la force de Paulin Crassous et de Souriguiere. Villiers, faiseur de pamphlets, qui promet des *rapsodies* au public, et lui tient toujours parole. Ferlus, rimeur subalterne, critique inepte et insolent. Il a travesti en prose mal rimée quelques vers d'Horace et de Lucrece.

Enfin l'ogre Dumont, etc.

Cette expression est toujours employée dans les ouvrages manuscrits du respectable et malheureux André Chénier, quand il veut désigner le misérable qui, un mois après le 31 mai, vint, au nom du comité de sûreté générale, demander l'arrestation de tous les députés du département de l'Aisne, et spécialement de

Condorcet. Cette proposition détermina la fuite et causa la mort de ce grand homme, le dernier successeur de Voltaire, de d'Alembert, et d'Helvétius. C'est pourtant ce Dumont, le plus ardent persécuteur des nobles, et surtout des prêtres, sous le gouvernement révolutionnaire, comme il a été depuis le plus implacable ennemi des républicains; c'est ce même Dumont, couvert du mépris de tous les partis, que l'impudent et lâche Rœderer n'a pas rougi de louer dans son *Journal d'économie politique*.

On bâille en nous lisant.

Rœderer, Ferlus, et autres, vont encore me reprocher mes bâillements éternels. Est-ce ma faute si à leur nom seul la même sensation rappelle toujours la même idée? En tout cas, voici une petite réponse à ce qu'ils ont dit et à ce qu'ils diront sur ce sujet.

ÉPIGRAMME.

Jean Rœderer, et vous, Martin Ferlus,
Glosant, prosant, rimant de compagnie,
Grands écrivains, très sifflés, mais peu lus,
Qui tous les jours compilez de génie;
Mes bâillements vous semblent criminels:
Soit; à vos vœux je suis prêt à souscrire;
Ces bâillements ne sont pas éternels;
Ils cesseront.... si vous cessez d'écrire.

Jusqu'au moine Gallais, etc.

Gallais, ci-devant frere ignorantin, rédige

aujourd'hui le *Censeur des journaux*. Il paroît convenu dans ce journal, un des plus impudents qui existent aujourd'hui, que la doctrine des *philosophes*, comme qui diroit Voltaire, J. J. Rousseau, Helvétius, Diderot, d'Alembert, Condorcet, n'est propre qu'à former des imbéciles ou des scélérats; et qu'André Dumont, par exemple, qui n'est pas *philosophe*, est un modele de génie et d'humanité.

Votre esprit s'endort-il au milieu des *ruines?*

C'est le titre d'une mauvaise brochure *publiée* par Adrien Lezay, mais non devenue *publique*. Il est possible de la rencontrer quelquefois sur les quais. Il faut bien se garder de la confondre avec un ouvrage philosophique portant le même titre, et composé par Volney; ouvrage bien pensé, bien écrit, et qui se trouve dans toutes les bibliotheques.

Lémerer, éditeur et seul propriétaire
Des célebres journaux imprimés sous Tibere.

Allusion au discours prononcé par Lémerer dans une question relative à la liberté de la presse. Il prétendit que Tibere lui-même n'avoit point gêné la circulation des journaux qui annonçoient aux armées romaines les courageux discours de Traséa. Quelques journalistes, très savants en fait d'histoire, n'ont pas manqué d'applaudir à cette éloquence digne de l'Intimé.

FIN.